Arthur Desjardins

La Magistrature élue

Essai

ISBN : 978-1981868742

10 9 8 7 6 5 4 3 2 1

Arthur Desjardins

La Magistrature élue

Essai

Table de Matières

Introduction

Un pays civilisé ne peut pas se passer de juges, on le reconnaît ; mais il peut encore moins se passer de juges qui rendent la justice : c'est ce que beaucoup de gens oublient. Les partis politiques, cherchant avant tout à grossir leurs rangs, arrivent à classer tous les citoyens en deux camps : qui n'est pas pour eux est contre eux. Cependant le point essentiel est que le juge ne soit pour ni contre personne. Avant de chercher comment il dirigerait les affaires publiques, qu'il ne dirige pas, il faut se demander s'il applique les lois, qu'il doit appliquer ; avant de savoir comment il vote, il faut savoir comment il juge. Un gouvernement, républicain ou monarchique, a sans doute le droit d'obtenir de tous les corps judiciaires qu'ils reconnaissent et respectent son propre principe ; mais, cela fait, tout lui reste à faire, puisque ces corps ne sont institués qu'en vue de la justice et que la justice est encore à organiser. M. Ribot a, d'un mot, dans la séance du 1er juillet 1882, exactement résumé la question : « Il faut une magistrature républicaine ; mais ce qui est encore plus nécessaire, c'est qu'il y ait une magistrature. »

Or il n'y a pas de magistrature si le juge n'est impartial. C'est pourquoi presque tous les peuples modernes ont cherché le moyen d'assurer son indépendance. Quand Loyseau, dans son *Discours sur l'abus des justices de village*, voulut, au XVIIe siècle, montrer l'infériorité de ces juridictions subalternes, il écrivit : a La justice des villages ne peut qu'elle ne soit mauvaise, pour ce que ces petits juges *dépendent* entièrement du pouvoir de leur gentilhomme, qui les peut destituer à sa volonté et en fait ordinairement comme de ses valets ; » et ailleurs : « Si le seigneur veut mal à quelque homme de bien, qui est l'officier qui, *pour faire le bon valet*, ne fera contre lui du pis qu'il pourra, même s'il est accusé à tort ? » C'est clair : si le juge est dépendant, il fera le bon valet ; s'il fait le bon valet, il rendra des services : donc il doit être indépendant. Jusque-là, tout le monde est d'accord. Mais comment garantir son indépendance ? C'est ici qu'on cesse de s'accorder.

Il y a des hommes d'état auxquels la droiture naturelle du cœur humain inspire une inébranlable confiance. C'est dans le caractère du juge et non dans un texte législatif qu'il faut, à les en croire, chercher cette garantie. On naît avec une âme servile comme on naît avec un corps difforme : la loi n'y peut rien. Quant à l'honnête homme, il domine les événements et n'a pas besoin qu'on vienne à son aide : *Impavidum ferient ruinœ*. Je crains, en effet, que quelques-uns ne gardent leur bassesse native en dépit des institutions et ne s'obstinent à s'aplatir quand on a tout fait pour les tenir debout ; je crois aussi que quelques autres ont assez de cœur pour faire leur devoir en dépit des menaces qu'une mauvaise législation leur adresse et des pièges qu'elle leur tend. Mais il ne faut chercher l'homme ni si haut ni si bas. Les candidats aux fonctions de l'ordre judiciaire sont à peu près de la même taille que leurs semblables et doivent ; être traités en conséquence. L'homme, en général, songe à lui-même avant de songer à la république ; or ce qu'on demande au juge, c'est précisément de pensera la république avant de penser à lui. Puisqu'on exige de lui cet effort, il est raisonnable qu'on le mette à même de l'accomplir.

Section I

La meilleure garantie de l'indépendance fut, aux yeux de nos ancêtres, l'inamovibilité de la fonction. M. Gerville-Réache a sans doute, dans son discours du 8 juin 1882, rappelant certains termes, qu'emploie l'édit d'octobre 1467, cet « acte de baptême de l'inamovibilité, » soutenu que, si Louis XI avait promis de ne pas destituer les magistrats, ce fut « justement pour les rendre dépendants du pouvoir. » Mais ce rusé despote n'avait pas la vue si courte, il se proposa, sans doute, d'associer plus étroitement les parlements à sa politique ; il voulut par-dessus tout, dans l'intérêt commun du prince et des sujets, fortifier la justice royale. Élever en face et au-dessus de la justice seigneuriale des juridictions stables, puisant dans leur permanence le sentiment de leur dignité, de leur force et de leur indépendance judiciaire, gagnant par là même le respect. et la confiance du pays, d'autant plus capables, de servir utilement la couronne dans l'exercice de leurs pouvoirs politiques, c'était encore un moyen de vaincre le système féodal et d'unifier la France dans la royauté. Les états-généraux de 1484, qui unirent tant de sagesse politique à une si grande liberté d'allures, ne s'y trompèrent pas, et, quand ils réclamèrent le maintien de l'inamovibilité, ce ne fut pas seulement dans l'intérêt du roi, dont il fallait bien dire un mot, mais dans celui de la justice et des justiciables [1]. Ce ne fut pas assurément par un attachement excessif aux prérogatives de sa couronne, mais par un grand effort de clairvoyance politique et par un vif sentiment des intérêts généraux qu'Henri IV, au lendemain de ses rudes batailles, défendit contre ses meilleurs amis, contre ses compagnons de victoire, les parlements ligueurs et maintint dans leurs postes des gens qui lui avaient, les armes à la main, barré le chemin du trône. L'inamovibilité des juges royaux devint donc une « maxime fondamentale de notre droit public. » Ce sont les termes même qu'emploie le parlement de Paris lorsqu'il reproche au roi, le 8 novembre 1765, d'avoir organisé à Rennes une chambre criminelle composée de douze commissaires, conseillers d'état et maîtres des requêtes de l'hôtel. « Deux circonstances sont également nécessaires pour composer un parlement, dit-il, la communication du pouvoir et l'irrévocabilité. » Celle-ci « garantit la sûreté du citoyen parce que les magistrats, sûrs de leur état par sa perpétuité, ne sont pas, suivant les circonstances, exposés à plier leur devoir et leur intégrité au désir de se maintenir. » « La stabilité seule des magistrats, répète en plein lit de justice le 13 avril 1771 l'avocat-général Séguier, peut leur assurer cette liberté qui doit être l'âme des délibérations et garantir la sûreté des droits respectifs du souverain et de son peuple. » Les princes du sang, protestant contre le coup d'état exécuté par Maupeou, tiennent le même langage.

Un des principaux arguments qu'on puisse invoquer en faveur de l'inamovibilité, c'est que Napoléon Ier ne s'en accommoda jamais. Ce grand homme de guerre, qui n'admettait pas la contradiction, même en matière de foi, ne devait pas la tolérer dans l'administration de la justice : s'il ne pouvait pas, à son grand regret, déposer un pape, il n'aurait jamais compris qu'une loi quelconque l'empêchât de briser un juge, et qu'après avoir contraint tous les rois de l'Europe à subir ses ordres, il fût lui-même contraint de subir, dans ses propres états, l'arrêt rendu contre son gré par un de ses sujets. Je sais que, pour mieux saper l'inamovibilité de la magistrature, on se plaît à supposer qu'elle fut restaurée par l'empereur. « Pensez-vous, disait M. Bovier-Lapierre dans la séance du 8 juin, que le premier Bonaparte ait constitué le principe de l'inamovibilité pour avoir une magistrature indépendante ? » C'est précisément, répondons-nous, pour avoir une magistrature dépendante que le premier Bonaparte la maintint amovible. Ainsi s'expliquent le sénatus-consulte du 12 octobre 1807, restreignant l'inamovibilité aux magistrats qui auraient obtenu leurs provisions après cinq ans d'exercice, *si, à l'expiration de ce délai, S. M. l'empereur et roi reconnaissait qu'ils méritaient d'être maintenus dans leurs places*, le décret du 24 mars 1808, qui révoqua plus de soixante magistrats des cours et des tribunaux, la loi du 20 avril 1810, qui, en donnant aux cours d'appel le titre de cours impériales, enjoignit de procéder à leur installation et en exécution de laquelle le gouvernement impérial opéra le remaniement complet de leur personnel. Il appartient aux adversaires de l'inamovibilité de revendiquer tous ces exploits du premier empire aussi bien que les anathèmes de M. de Bonald [2] ou les votes de la chambre introuvable.

Depuis 1815, les libéraux n'eurent qu'un but : assurer, par l'établissement et le maintien de l'inamovibilité, l'indépendance des juges. C'est la thèse que soutinrent et développèrent avec un grand éclat, à la chambre des députés, Pasquier, Beugnot, de Barante. Royer-Collard, que firent prévaloir à la chambre des pairs Lally-Tollendal, Mole, le duc de La Rochefoucauld, le garde des sceaux Barbé-Marbois. Après la révolution de 1830, ce furent d'autres libéraux, Villemain, Dupin, Daunant, Madier de Montjau, qui prirent en main cette grande cause, et ce dernier, dans une véhémente apostrophe, alla jusqu'à « conjurer » la chambre des députés de ne pas porter atteinte à l'inamovibilité, si elle ne voulait « renverser la société dans ses fondements [3]. » Cependant, après la chute de la monarchie constitutionnelle, le gouvernement provisoire crut pouvoir décréter (17 avril 1848) que le principe de l'inamovibilité, « incompatible avec le gouvernement républicain, avait disparu avec la charte. » C'est Jules Favre qui lui répondit, à la tribune de notre première assemblée républicaine, en demandant à la représentation nationale de ne pas laisser croire à la nation « que le gouvernement de la république n'était qu'un gouvernement de créatures [4], » et la constituante de 1848 ne voulut pas, en effet, le laisser croire. L'inamovibilité fut maintenue. Bien plus, afin de la préserver des atteintes que le pouvoir exécutif pourrait lui porter sous prétexte de réduction de sièges, une loi du 8 août 1849, toujours en vigueur [5], décida qu'aucune réduction dans le personnel des cours et tribunaux ne pourrait s'opérer que par voie d'extinction. Ainsi s'enracina pour la seconde fois dans nos mœurs le principe que la révolution et l'empire avaient successivement méconnu, mais à l'abri duquel nos pères avaient placé l'indépendance des juges. Ce principe « qu'on verra toujours menacé par la tyrannie naissante et anéanti par la tyrannie toute-puissante, » la France le regarda pour la seconde fois et pendant plus d'un demi-siècle comme le *palladium* de ses libertés et comme la plus sûre garantie des justiciables. C'est ainsi, d'ailleurs, qu'on l'envisageait partout. Les juges étaient inamovibles en Angleterre depuis le règne de George III, en Suède depuis 1809, dans les Pays-Bas depuis 1815 [6], en Bavière depuis 1818, dans le Wurtemberg depuis 1819, au Brésil depuis 1824, en Portugal depuis 1826, en Belgique depuis 1831 ; ils le devinrent en Prusse (1850), en Russie (1864), en Autriche (1867), en Irlande (1874), etc. Parmi les lois de ces différents états, quelques-unes, comme la constitution prussienne du 31 janvier 1850, ne se bornèrent pas à énoncer le principe ; elles le justifièrent en déclarant « que les tribunaux doivent rester indépendants et n'être soumis qu'aux lois. » Même aux États-Unis, les plus sages publicistes reconnurent que l'inamovibilité était « une des plus importantes améliorations apportées dans les temps modernes à la pratique du gouvernement [7]. »

Rien ne saurait mieux affirmer cette conviction générale que le spectacle auquel la France vient d'assister. Notre chambre des députés compte à coup sûr parmi ses membres beaucoup d'adversaires de la magistrature inamovible, Cependant quand l'ordre du jour appela, le 1er juillet 1882, la première délibération sur la proposition de M. Alfred Girard, ayant pour objet de faire suspendre indéfiniment l'inamovibilité jusqu'à la promulgation d'une loi d'ensemble sur la réorganisation judiciaire, on sentit de divers côtés qu'un grand péril menaçait les justiciables. Tandis que M. de Sonnier disait à ses collègues dans un langage dépouillé d'artifice : « La mesure que nous proposons est une simple mesure politique. ; c'est une mesure politique pour frapper certains magistrats, » on se demandait, à gauche comme à droite, si l'on n'allait pas, pour satisfaire quelques rancunes, livrer le pays à l'arbitraire en mettant le pouvoir judiciaire et la justice à la merci des différents ministères qui pourraient se succéder jusqu'au vote définitif de la loi d'ensemble. Ce ne furent pas seulement les orateurs du centre gauche, MM. Ribot et Franck-Chauveau, qui dénoncèrent à la tribune a cet expédient misérable » et signalèrent « l'avilissement du corps judiciaire tout entier livré au pouvoir ministériel, » ni le gouvernement, représenté par M. Varambon, qui déclara qu'on a ne trouverait pas en France un garde des sceaux pour accepter l'arbitraire indéfini, n ce fut un député de l'extrême gauche, M. Clemenceau, qui vint dire : « Nous avons la ferme volonté de donner à notre pays une magistrature qui s'inspire de l'esprit de la démocratie, une magistrature à qui chacun puisse confier sans crainte la garde de sa sécurité, de ses biens, de son honneur, de sa vie, et c'est parce que toutes ces choses dépendent des magistrats de la république que nous ne voulons pas livrer ceux-ci à l'arbitraire, au caprice des gouvernails. » Il se hâtait, il est vrai, d'faire observer que la droite, le centre gauche, le gouvernement et l'extrême gauche n'avaient pas « de vues communes dans cette affaire. » Mais moins ces différents groupes s'étaient concertés et plus ils se divisaient quant au but suprême, plus la démonstration était péremptoire. Si les partisans les plus résolus et les plus implacables adversaires de la magistrature inamovible se trouvèrent, presque à leur insu, coalisés pour une heure, c'est qu'ils ne voulaient ni les uns ni les autres d'une magistrature asservie, et je ne sache pas, qu'on pût rendre un plus éclatant hommage au principe de l'inamovibilité.

Mais plusieurs des hommes politiques qui firent échouer, le 1er juillet, la proposition de M. Girard se figurent qu'ils peuvent. trouver dans l'élection des juges une autre garantie d'indépendance et, le principe électif leur paraissant plus conforme à l'organisation de la France moderne, ils proposent de l'appliquer désormais à la magistrature. La chambre des députés a d'ailleurs, dans la séance du 10 juin 1882, voté ce principe en adoptant, par 275 voix contre 208, une proposition de M. de Douville-Maillefeu ainsi conçue : « Les juges sont élus. » Je me propose d'examiner s'il est, en effet, possible et désirable que les corps judiciaires soient, à l'avenir, nommés par un corps électoral au lieu d'être choisis par le chef du pouvoir exécutif.

Section II

Le principal obstacle à l'établissement du système électif, c'est précisément, à nos yeux, qu'il anéantit l'indépendance du magistrat élu.

Quand les juges sont nommés par le chef de l'état, un législateur prévoyant les soustrait avant tout à l'action du pouvoir exécutif. C'est pourquoi d'inflexibles logiciens ont prétendu les dérober à ses caresses comme à ses menaces et voudraient lui ôter le droit de les élever à un poste supérieur comme on lui ôte celui de les déplâtrer sans leur consentement. Mais le prince ou le président de la république n'est pas le seul maître dont il faille craindre l'influence.

Si le juge est élu, c'est du corps électoral qu'il dépendra. Donc il deviendra tout aussi nécessaire de le protéger contre le corps électoral qu'il l'est aujourd'hui de le protéger contre le chef de l'état. Cela sera même plus nécessaire. Étudiant les rapports d'Henri IV avec les parlements, je signalais, en 1877, un certain nombre de grands procès qui avaient attiré l'attention de ce prince et je le blâmais d'avoir fait connaître, en écrivant aux magistrats, à laquelle des parties il s'intéressait. Mais Henri IV, au demeurant, ne s'intéressa et ne pouvait s'intéresser qu'à un très petit nombre de causes. Un chef d'état, un ministre même, outre qu'ils répondent de la justice au pays et, par conséquent, gardent un intérêt direct à ce qu'elle lui soit rendue, sont placés trop haut pour tracasser le juge dans l'exercice continuel et quotidien de sa fonction : quand ils ne seraient gênés par aucun scrupule, leur intervention est limitée par la force des choses. Il n'en est pas de même d'un corps électoral, quel qu'il soit. D'abord, par cela seul que la responsabilité se dissémine entre ses membres, aucun d'eux ne se croit responsable, aucun ne se figure qu'il ait de comptes à rendre, car chacun entend bien que, si le juge doit obéir sans réplique à ses sollicitations, celles du voisin soient accueillies avec une morne indifférence. Mais ce qu'il y a de plus lamentable, c'est qu'il n'y a pas pour l'électeur de petits procès. Celui-ci s'intéresse à tout. Il n'est pas une question de servitude urbaine ou prédiale qui ne soit capable de l'enflammer. Ce tribunal élu ne connaîtra pas un jour de repos, il n'aura pas à rendre une sentence interlocutoire dans le plus misérable litige qu'il ne soit harcelé par ses justiciables, devenus ses maîtres. Enfin, comme il n'existe pas de corps électoral sans qu'ils y forme immédiatement une majorité, celle-ci tolérera bien difficilement qu'on n'ait pas pour elle des égards tout particuliers. A quoi servirait-il, je le demande, d'avoir vaincu dix fois sur le champ de bataille électoral, fait un député, des conseillers généraux, des conseillers d'arrondissement, des conseillers municipaux et placé l'écharpe à la ceinture d'un maire, s'il fallait qu'un adversaire, encore meurtri de ses défaites, prît ou crût prendre une revanche dans un procès douteux ? Un juge sera bientôt suspect s'il ne comprend pas cette argumentation décisive, et son impartialité ne sera qu'une forme de la résistance aux vœux de cette majorité ; La justice, ce sera la volonté du corps électoral.

Plus le juge sera rapproché des justiciables et plus cet esclavage sera dur. A coup sûr, les conseillers à la cour de cassation ne seront inquiétés que de loin en loin et les membres des cours d'appel seront moins régulièrement traqués que les juges d'arrondissement. Mais que je plains les juges de paix ! Quelles journées et quelles nuits ! Que de fois ces mots : « Qui t'a fait juge ? » retentiront à leurs oreilles ! quelles terreurs à la veille d'une réélection ! Dans quel canton Aristide pourra-t-il se flatter de survivre à ses propres sentences et de ne pas rentrer dans le néant ?

Les partisans du système électif se figurent-ils qu'on trouvera, dans de semblables conditions, beaucoup de candidats aux fonctions judiciaires ? J'entends parler de candidats sérieux, c'est-à-dire honnêtes et connaissant les lois. Quelle perspective pour un homme probe, instruit, capable de se frayer un chemin dans le monde, ayant à la fois le sentiment de sa valeur et le souci de sa dignité ! Quelques années de subordination quotidienne et de pénible dépendance ; au terme du mandat, le juge obligé de comparaître devant ses justiciables et ses électeurs, de leur rendre ses comptes et de leur tendre piteusement la main s'il veut être réélu, maudit et méprisé des honnêtes gens s'il a montré de la complaisance, repoussé par les « politiciens » et par les meneurs s'il en a manqué. Croit-on qu'un avocat, je ne dis pas des premiers, ni même de ceux qui brillent au second rang, mais des plus humbles, pourvu qu'il ait quelques dossiers dans son cabinet et quelques clients dans son antichambre, se résigne à jouer un pareil rôle ? Ces dossiers et ces clients, il les gardera s'il reste avocat ; juge, après quelques années de judicature, il les aura perdus [8], et, s'il n'est pas réélu, peut-être ne saura-t-il plus comment vivre et faire vivre les siens. Il n'est pas jusqu'au jeune licencié, nouveau venu des universités, qui, à l'âge des longs espoirs et des vastes pensées, ne soit prêt à dédaigner ce vasselage éphémère et ne doive chercher, même au prix des plus rudes efforts, à se faire une place un peu moins précaire dans la société française. On n'aura donc, pour administrer la justice, sauf quelques exceptions, que le rebut du barreau ; ceux-là brigueront les fonctions judiciaires qui ne pourront pas trouver un autre emploi de leurs facultés : la magistrature, quand elle ne sera pas le marchepied des intrigants, sera l'asile des ignorants et des incapables. Imagine-t-on un Paillet, un Bethmont, un Berryer, un Dufaure, plaidant devant de pareils tribunaux ! Quel contraste et quel spectacle ! D'un côté, les maîtres de l'éloquence française, les plus grands jurisconsultes, entourés de l'estime et de l'admiration publiques, ne relevant que d'eux-mêmes, ne devant leur renommée comme leur fortune qu'à la persévérance de leur travail et à l'irrésistible ascendant de leur parole ; de l'autre, les plus obscurs, les plus inexpérimentés, les plus dépendants, n'ayant subi cette dépendance qu'à raison de leur inexpérience et de leur obscurité ! Cependant les premiers seront jugés et les seconds jugeront. Qu'en penseront les justiciables ? Tandis que, dans la plupart des autres pays civilisés, on n'a rien négligé pour assurer le prestige des fonctions judiciaires, on aurait tout fait, dans le nôtre, pour les avilir et les ridiculiser.

Il y aurait, à coup sûr, deux moyens de protéger l'élu contre l'électeur. Par malheur, ni l'un ni l'autre ne me semblent praticables en France.

Le premier, dont la constitution pensylvanienne offre un exemple, consiste à décréter que le juge ne sera pas rééligible. N'ayant plus rien à espérer ni à craindre du corps électoral, il ne se laissera ni intimider ni séduire. D'accord ; mais, outre que ce personnel, sans cesse renouvelé, ne pourra jamais acquérir l'expérience des affaires ni la connaissance des lois [9], on aura fermé l'accès de la magistrature à tous ceux qui pourraient rendre la justice. Les fonctions judiciaires ne sont pas un passe-temps :

elles demandent, après d'assez longues études préparatoires, un labeur continu ; le juge doit être chaque jour, presque à chaque heure, à la disposition du justiciable. Il ne peut pas cumuler deux professions. Donc, s'il en a une, il devra la quitter. Mais comment la quitterait-il s'il n'en trouve une autre et comment pourra-t-il se figurer qu'il en trouve une autre quand il est, à bref délai, destitué par le législateur lui-même ? Il ne restera donc au corps électoral que deux espèces de candidats : les besogneux à bout de ressources et en quête d'expédients ; les adolescents, qui feraient un stage dans les fonctions judiciaires comme aujourd'hui, sous l'œil vigilant d'un maître clerc, dans une étude d'avoué, mais qui le feraient sans maître clerc et aux dépens des justiciables.

Le second moyen consiste à décréter que le juge élu sera nommé à vie, comme le sont divers fonctionnaires de l'ordre judiciaire dans le Massachusetts, le New-Hampshire, le Connecticut et la Floride. On ferait ainsi rentrer dans nos lois, par une autre porte, l'inamovibilité, qui procéderait de l'investiture populaire comme elle procédait jadis de l'investiture royale. Mais voilà, si je ne me trompe, une proposition bien hétérodoxe. Est-que l'élection peut, dans une société démocratique, conférer des droits perpétuels ? C'est un axiome de droit démocratique que le corps élu doit être le « miroir » du corps électoral. S'il en était autrement, à quoi bon des élections ? Or je ne surprendrai personne en avançant qu'il arrive quelquefois aux corps électoraux de modifier de fond en comble et du jour au lendemain, tantôt pour de bonnes raisons et tantôt sans raison plausible, leur opinion sur la constitution du pays, sur sa religion, sur la conduite de ses affaires générales et locales, sur les hommes et sur les choses. Quoi ! les mêmes électeurs pourraient précipiter du pouvoir leurs sénateurs, leurs députés, leurs conseillers municipaux, et seraient contraints de garder les juges qu'ils auraient élus en un jour de malheur ? Tandis qu'ils se refléteraient dans toutes les autres faces du miroir, il y en aurait une, une seule qui cesserait de leur renvoyer leur image ! Bien plus, si quelqu'un de ces élus était doué d'une constitution très robuste, deux ou trois générations pourraient être liées par le caprice d'une seule ! Dans un pays où parfois l'élu, au bout de quinze ou vingt ans, ne représente guère plus ses électeurs que si l'élection remontait au temps de la réforme et de la ligue, on ne peut pas, ce me semble, infliger de pareilles déceptions au corps électoral.

Mais ne pourrait-on pas, du moins, pour donner aux magistrats une indépendance relative, leur conférer des mandats à très long terme comme dans l'état de New-York, où les juges de la cour suprême, de la cour d'appel, des cours de bourg et de cité sont élus pour quatorze ans, dans le Maryland, où les juges de la cour d'appel, et plus généralement ceux de toutes les cours, le sont pour quinze ans, dans la Pensylvanie, où les juges de la cour suprême sont nommés pour vingt-un ans ? Cette combinaison n'empêcherait pas le juge, quand il voudrait se soumettre à la réélection, d'avoir à mendier, au moins à la dernière période de son mandat, l'appui des justiciables. Elle offrirait toutefois des avantages quand un candidat d'un âge mûr briguerait les suffrages des électeurs avec l'intention de ne pas les leur redemander, et permettrait à de bons avocats fatigués de la plaidoirie, à des avoués prêts à céder leur office avant l'heure de la retraite de consacrer les dernières années d'une vie honorable à l'administration de la justice. Mais qu'il serait difficile de la faire prévaloir ! Puisqu'elle est, au demeurant, destinée à paralyser l'influence des électeurs, n'y verrait-on pas une attaque indirecte aux prérogatives du corps électoral ? Elle n'a prévalu que très exceptionnellement aux États-Unis, et, dans la plupart des états de l'Union américaine, le mandat judiciaire est de deux, de quatre ou de six ans : quelquefois même il ne dépasse pas une année [10]. Ne sommes-nous pas d'ailleurs éclairés par notre propre expérience ? Notre première assemblée constituante, « persuadée que les magistrats à longue durée ne tarderaient pas à former une corporation dans l'état, » avait limité le mandat des tribunaux ordinaires à six ans, celui des juges de paix à deux ans. Cependant la patience, après moins de deux ans, manquait aux pouvoirs publics, et la convention ordonnait, dès le 22 septembre 1792, le renouvellement de tous les corps judiciaires, Le tribunal de cassation excepté. La pire erreur que puisse commettre un législateur, c'est de faire des lois pour qu'elles ne s'exécutent pas. Qu'on essaie donc, en France, de maintenir des juges élus à leur poste pendant le temps que nous mettons à dévorer un ou deux régime » politiques ! A quel moment, de notre histoire contemporaine eussions-nous laissé s'achever une expérience analogue à celle que la Pensylvanie a tentée en 1873 [11] ?

Section III

C'est pourtant notre propre exemple que nous proposent avant tout les défenseurs du système électif. « Est-ce que nous n'avons pas dans notre pays des juridictions électives ? disait, le 8 juin 1882, M. Gerville-Réache à la chambre des députés. Vous n'avez tenu aucun compte de la juridiction consulaire, vous n'avez tenu aucun compte du conseil des prud'hommes ; mais cependant ce sont des juridictions électives. Les juges consulaires ont une grande importance dans ce pays où les affaires commerciales ont un immense développement. Eh bien ! est-ce que de ces bancs quelqu'un pourrait venir dire à la tribune que les magistrats des prud'hommes, que les magistrats consulaires ne font que de la politique, que les électeurs qui les nomment ne font que de la. politique ? Qui donc, pourrait contester l'indépendance, la moralité et la dignité de ces magistrats ? Personne ici. Eh bien ! pourquoi dites-vous que l'expérience n'est pas faite ? » Non » L'expérience n'est pas faite, et l'argument, à notre avis, est sans portée.

Ce qui caractérise les tribunaux de commerce, c'est leur spécialité. Ces tribunaux n'ont qu'une catégorie de justiciables et ne statuent que sur une classe d'affaires litigieuses. Les livres d'un commerçant sont-ils honnêtement et régulièrement tenus ? Une société de commerce a-t-elle été sérieusement et légalement formée ? Faut-il la liquider ? Quel est le meilleur moyen de dégager l'actif du passif ? Deux navires se sont rencontrés en mer : lequel est responsable de l'abordage ? Tel négociant a-t-il suspendu ses paiements ? A quelle date les a-t-il suspendus ? On conçoit très bien que le législateur invite un certain nombre de commerçons à se réunir et à désigner parmi eux quelques hommes expérimentés pour résoudre ces questions particulières. Encore est-il entendu que, si L'intérêt du litige dépasse quinze cents francs ou reste indéterminé, leurs décisions pourront être réformées par les cours d'appel, composées de magistrats inamovibles et choisis par le chef de l'état. Ces fonctions sont gratuites. Presque nulle part elles ne sont recherchées : il faut généralement adresser des appels réitérés à quelques honnêtes gens dévoués au bien public, qui ne se décident pas sans peine. En effet, les anciens commerçants pensent généralement qu'ils ont acquis le droit de se reposer et ceux qui ne sont pas encore « retirés » ne se soucient guère de dérober à leurs propres affaires une partie de leur temps pour débrouiller et juger celles des autres. Cependant, comme on ne leur demande au demeurant (sauf dans quelques grandes villes) que quelques heures par semaine, et qu'ils peuvent, avec un léger surcroît de travail, s'acquitter de cette nouvelle tâche sans abandonner la direction de leur maison, ils se résignent. Mais ils se résignent parce que leur mandat est très court et que, nommés pour deux ans, s'ils ont été réélus une fois, ils cessent d'être immédiatement rééligibles : ce n'est pas une profession qu'ils embrassent, mais une charge temporaire qu'ils acceptent ou subissent dans l'intérêt du commerce et des commerçants.

Ce qui caractérise les tribunaux ordinaires, c'est qu'ils sont « de droit commun, » c'est-à-dire qu'ils jugent tous les procès, sauf ceux qu'un texte législatif leur a formellement enlevés. Tous les actes de la vie civile relèvent de leur juridiction. Les questions de nationalité, la constitution de la famille, les questions de propriété, l'honneur et la sécurité de tous leur sont confiés. C'est pourquoi des corps de judicature, composés de légistes, ont été, dans tous les pays, institués pour appliquer l'universalité des lois à l'universalité des citoyens. C'est par là qu'il se forme chez un peuple civilisé des traditions et des mœurs judiciaires, sans lesquelles toutes les garanties législatives sont éludées ou faussées et tous les droits tombent à la merci des plus rusés ou des plus forts. Les commerçants ont assurément un intérêt à ce que le législateur arrête avec discernement la composition du corps spécial chargé d'élire la magistrature consulaire ; mais, pour le pays pris en masse, la question est secondaire, et l'on s'en désintéresse assez généralement. Il n'en est pas de même quand il faut décider qui nommera les juges ordinaires et, par conséquent, ce qu'ils seront. D'une part, aujourd'hui comme en 1789, chacun sent qu'on touche à un organe essentiel du corps social ; chacun s'émeut, comprenant que la vie même est en jeu ; D'autre part, les partis, qui se soucient médiocrement d'étendre la main sur la justice consulaire, s'irritent communément d'être mal servis par des corps judiciaires impassibles, formés par le long effort des siècles et par le développement progressif de la civilisation, et sont tentés de s'approprier cette grande force, c'est-à-dire de détourner et d'exploiter la justice ordinaire à leur profit : c'est ce que le législateur, s'il ne se méprend ou s'il n'abdique, doit empêcher à tout prix. Nos juges permanents n'ont donc presque aucun trait de ressemblance avec les magistrats consulaires qui font habituellement le négoce et rendent accidentellement la justice ; les recruter, malgré cette dissemblance, par le même procédé, ce serait encore moins de la logique à outrance que de la logique à rebours.

Mais les tribunaux de droit commun sont élus dans une république voisine de la France, et l'expérience, d'après les partisans du système électif, a complètement réussi. « Je demande à nos honorables collègues, a dit, le 8 juin 1882, M. Gerville-Réache, pourquoi ils ne nous ont pas parlé de la magistrature de Suisse. Pourquoi ne nous en avez-vous rien dit ? Je vais vous le faire savoir. C'est parce que les résultats de l'élection sont excellents en Suisse et que nous sommes en mesure de les contrôler. » Quand ces résultats seraient, en effet, excellents, je doute qu'on en pût tirer, en ce qui nous concerne, une conclusion pratique. Se figure-t-on, sur un point quelconque de notre territoire, une sorte de champ de mai comparable à ces assemblées générales du peuple qui se réunissent dans la vallée d'Uri ou d'Unterwald pour traiter directement des affaires publiques ? Beaucoup de choses ne s'expliquent en Suisse que par les limites étroites du territoire, le nombre restreint des habitants, leurs mœurs pastorales, leurs vieilles traditions locales. Rien ne ressemble moins à ce petit pays que la France avec sa mobilité politique, ses révolutions périodiques, ses alternatives d'ardeur et d'indifférence, ses traditions militaires, sa puissante centralisation, son administration uniforme et méticuleuse, ses grandes agglomérations d'hommes et l'ascendant d'une seule ville sur les destinées publiques. Mais quand il en serait autrement, l'expérience a-t-elle aussi complètement réussi que paraît le croire M. Gerville-Réache ?

Sur tous les points du territoire helvétique où les partis luttent avec une certaine violence, les dernières élections judiciaires ont été purement politiques et, plus tard, dans les procès où pouvaient revivre les griefs du candidat, la rancune a dicté les arrêts du juge. A Lucerne, on a mis un intervalle de deux ans entre les élections des députés et celles des magistrats, pour laisser se refroidir les premières émotions ; mais la politique n'en a pas moins envahi les secondes élections. Il en est surtout ainsi dans les cantons où le grand conseil fait les choix, le jeu des partis étant plus vif en un champ plus étroit. Dans plusieurs cantons, les magistrats peuvent être députés, et le consul achève de mêler ce qui devrait être séparé. D'après les observateurs les plus impartiaux, il n'y a pas une juridiction, quelque élevée qu'elle soit, fût-ce le tribunal fédéral, qui échappe à ce contact de la politique. En outre, au témoignage même des Suisses, la plupart des juges issus du suffrage populaire direct, s'ils échappent à la corruption, sont notoirement incapables. Les préjugés populaires- font de la science une cause de défaveur, et plus d'un candidat est compromis par cela, seul qu'il est docteur en droit. Entre des hommes de science inégale, le peuple prend ceux qui sortent de son sein [12]. Quel assemblage de garanties ! et que pouvons-nous envier à la confédération ?

M. Gerville-Réache, en nous proposant ce modèle, a pris soin d'ajouter qu'il « n'aimait pas à parler des Américains, auxquels nous ne ressemblons ni par le caractère ni par les mœurs. » « Je n'ai pas besoin, moi, d'aller chercher l'expérience de l'autre côté de l'Atlantique, » a répété le surlendemain M. Camille Pelletan. Comment ! il s'agit d'appliquer les principes de la démocratie pure à la nomination des juges ! il s'agit de conformer le plus exactement possible l'organisation judiciaire de la république française à son organisation politique, et nous négligerions l'exemple de la grande république américaine ! C'est un procédé de discussion qui me semble incompréhensible. En tout cas, tel n'a pas été, dans la séance du 8 juin, l'avis de M. Humbert : le garde des sceaux a déclaré nettement que le système électif pratiqué aux Etats-Unis y avait donna ; « des résultats détestables. »

L'embarras n'est pas de trouver des preuves à L'appui de cette proposition, mais de choisir entre les preuves, qui affluent de toutes parts. Dans certains districts, on a vu les électeurs imposer aux juges le mandat impératif de ne pas appliquer les lois sur l'ivrognerie [13]. Depuis 1845, dans le district houiller de Pottsville (Pensylvanie), les mineurs, qui forment la majorité de la population, ont établi une association qui les rend maîtres des élections, et ne nomment pour juges que des affiliés, de façon à s'assurer, le cas échéant, une impunité complète : depuis lors, cette société, connue sous le nom de *Molly Maguire*, n'a fait que croître et s'est étendue aux districts voisins. Il y a des entreprises colossales, disposant de capitaux énormes, qui accaparent à la fois, dans certains états, le pouvoir judiciaire et le pouvoir politique. C'est dans, cet accaparement de tous les pouvoirs destinés à se contrôler les uns les autres que consiste le *ring*. C'est ainsi qu'en deux ans et demi (du 1er janvier 1869 au 1^{er}août 1871), la dette de la ville de New-York monta de 29,000 à 100,000 dollars à la suite de vols prodigieux accomplis dans les expropriations, parce que les commissaires chargés de statuer sur les indemnités appartenaient tous au *ring* de New-York et parce que les juges avaient été, comme la législature elle-même, achetés à beaux deniers comptants : il fallut qu'un comité de soixante-dix citoyens se formât pour dénoncer et poursuivre les juges concussionnaires et s'épuisât en efforts inouïs pour briser la coalition. C'est encore dans l'état de New-York que s'engagea, en 1869, entre les deux grandes compagnies de l'Erié et de la Susquehanhah cette lutte incroyable à coup de jugements rendus parles affidés des deux belligérants, qui finit par aboutir à la proclamation de la loi martiale. Dans l'Ouest, trois ou quatre compagnies, ayant monopolisé les transports dans les ports de l'Atlantique, ont vu se retourner contre elles leurs procédés d'accaparement : leurs adversaires, en possession des législatures, ont fait tarifer les transports par des lois, au mépris des droits acquis, et les juges ne sont élus que s'ils promettent d'appliquer ces lois, malgré leur inconstitutionnalité [14]. « On raconte même, disait à la tribune française M. le garde des sceaux Humbert, que, dans certaines villes, les voleurs sont « parvenus à faire élire leurs complices. » Ces paroles furent accueillies, dans la séance du 8 juin 1882, d'après le compte-rendu *in extenso*, par une hilarité générale. Il est probable que, de l'autre côté de l'Atlantique, elles n'eussent pas soulevé la moindre hilarité.

« Quand le juge, lit-on dans le *New-York Observer* du 10 février 1870, est regardé comme complice de spéculateurs ou d'hommes d'un parti politique ; quand il se permet d'ignorer toute responsabilité excepté envers ceux par lesquels il a été élu ou par lesquels il espère être réélu, les fondements mêmes de l'ordre social sont ruinés… Si l'on en est venu au point que les criminels arrivent par cabale à élire ceux qui les délivreront de la sellette, voyons si l'on ne peut trouver quelque voie pour élever à cette position

des hommes connus pour craindre Dieu et haïr la cupidité. »
Presque à la même date, le *New-York Times* démontrait aisément
qu'aucune police ne peut subsister à côté de ce « corps judiciaire
corrompu. » « Nous avons souvent dit, répète à l'autre extrémité de
l'Union *l'Abeille de la Nouvelle-Orléans*, que la justice n'était qu'un
vain mot à la Nouvelle-Orléans en ce qui regarde les criminels. Un
assassin, pour peu qu'il ait de l'argent et qu'il retienne les services
d'un avocat influent, est presque toujours certain de se faire
acquitter ou sinon, dans le cas où l'opinion publique serait trop
ouvertement contre lui, on s'arrange pour faire renvoyer son procès
de mois en mois jusqu'à ce que les témoins à charge, séduits par des
offres d'argent ou effrayés par des menaces, aient tous disparu...
Donc le crime est impuni... Le glaive symbolique de la justice est
devenu aussi inoffensif que la latte d'un arlequin... Il y a tout un
système à renverser, toute une épuration à faire. Frappons une
justice corrompue qui acquitte moyennant finances... » Propos de
journalistes, dira-t-on peut-être. Qu'on écoute donc le congrès lui-
même, s'exprimant, en 1868, par l'organe d'un de ses comités : « Il
est nécessaire de renvoyer tous les voleurs du service public : ce
sera une affaire de temps, les voleurs infestant *chaque département*.
Ils sont comme les trichines dans le système animal... *Il n'y a
pas de branche de service* dans laquelle on ne les trouve. » Il y a
d'ailleurs deux faits plus éloquents et plus décisifs que tous les
articles de journaux et que tous les rapports au congrès. D'une
part, le *lynchage*, après avoir pris naissance dans le Far-West et la
Californie, se propage à mesure que se multiplient les scandales
judiciaires dans les États d'ancienne formation, et le peuple sur
divers points du territoire, en vient à exécuter sommairement ses
propres juges [15]. D'autre part, les associations de citoyens, sous le
nom de « comités de vigilance, » se substituent, dans plusieurs
États, à la magistrature régulière, arrêtent, jugent (généralement
sans intervention d'un avocat) et exécutent les coupables. Nés en
Californie il y a trente ans, à la suite de jugements iniques rendus
par des juges vénaux, ces comités se sont surtout développés
dans les états du Sud et sont, en Louisiane, presque officiellement
organisés : « Nous entendons déblatérer contre les comités de
vigilance, disait la Sentinelle des Atlakapas du 21 mars 187h. Eh
bien 1 nous disons, nous, qu'ils sont devenus indispensables...

Lorsque les cours de justice, pour une raison ou pour une autre, ne protègent ni les propriétés ni la personne des honnêtes gens, il appartient à ceux-ci de se protéger eux-mêmes. » Nos lecteurs ont désormais compris pourquoi les partisans du système électif « n'aiment pas à parler des Américains. » Il ne nous reste donc plus qu'à parler de nous-mêmes en consultant notre propre histoire.

C'est le 7 mai 1790 que l'assemblée constituante, à une assez faible majorité (par 503 voix contre 450), décréta l'élection des juges, « Les juges seront élus par les justiciables, » dit la loi du 16 août 1790 (tit. II, art. 3). « Ils seront élus pour six années ; à l'expiration de ce terme, il sera procédé à une élection nouvelle, dans laquelle les mêmes juges pourront être réélus » (art. 4). « Nul ne pourra être élu juge ou suppléant s'il n'est âgé de trente ans accomplis et s'il n'a été pendant cinq ans juge ou homme de loi, exerçant publiquement auprès d'un tribunal » (art. 9). « Le juge de paix sera élu (tit. III, art. 4) au scrutin individuel et à la pluralité absolue des suffrages par les citoyens actifs réunis en assemblées primaires, » c'est-à-dire par tous les Français n'étant ni serviteurs à gages, ni faillis, ni insolvables, âgés de vingt-cinq ans, domiciliés depuis un an dans le canton et payant une contribution directe de la valeur de trois journées de travail. D'après la loi du 22 décembre 1789 (sect. I, art. 17 et 19), l'assemblée primaire devait en outre choisir les électeurs du second degré, à raison d'un par cent citoyens actifs, nul n'étant d'ailleurs éligible dans cette assemblée s'il ne payait au moins dix journées de travail. La réunion des électeurs du second degré, formant l'assemblée électorale du district, nommait le tribunal de district (loi du 16 août 1790, tit. IV, art. 1). Les premiers magistrats élus sous l'empire de cette loi, dans les derniers mois de l'année 1790, furent assez bien choisis : on avait assez généralement songé, dans un élan de bonne foi, de désintéressement et de patriotisme, à nommer de vrais juges, qui ne fissent pas regretter ceux de l'ancien régime.

Qu'arriva-t-il ? Les nouveaux tribunaux, dès qu'ils essayèrent d'appliquer impartialement les lois, furent reniés par leurs électeurs. Les dénonciations ne tarissaient pas. « Citoyens législateurs, écrivait, dès le 28 mai 1791, le directoire de l'Aisne, le peuple élève des plaintes amères contre les nouveaux tribunaux et, nous le disons avec douleur, elles sont justes… Leur partialité est fortement prononcée… Il est évident même que les nouveaux tribunaux ne sont que des émanations des anciens corps judiciaires. Le clergé réfractaire trouve en eux un franc appui, et cette coalition devient formidable. » Trois jours après, le directoire du Cantal dénonçait en termes encore plus vifs le tribunal de Saint-Flour et signalait au pouvoir législatif trois de ses juges comme suspects : « Les esprits sont si exaltés, ajoutait-il, qu'il serait impossible de faire exécuter les jugements de ce tribunal sans une force considérable. » Le 1er août, le directoire de l'Aude alla plus loin et demanda formellement à l'assemblée constituante de destituer la moitié des membres des tribunaux, « qui sont gangrenés et coalisés à un point qu'elle ne peut concevoir, » tout comme s'ils ne tenaient pas directement leurs pouvoirs du peuple ! Ces dénonciations ne restèrent pas infructueuses. Le corps électoral supportant chaque jour plus impatiemment l'indocilité de ses élus, Jean Debry, en mars 1792, demanda le renouvellement des juges dont le mandat légal n'expirait qu'en décembre 1796 ; il dénonça leur incivisme, et bientôt des députations portèrent leurs sommations à la barre de l'assemblée législative. Celle-ci, avant de se séparer, supprimait le titre de citoyen actif et conférait le droit de suffrage à tout Français, âgé de vingt-un ans, domicilié depuis un an, pourvu qu'il ne fût pas en état de domesticité (loi du 11 août 1792), préparant ainsi par la modification du corps électoral la dissolution des tribunaux. La convention, à peine installée, décrétait, nous l'avons dit, que les corps judiciaires, les juges de paix « et leurs greffiers, » seraient renouvelés en entier, « sauf la faculté de réélire ceux qui auraient bien mérité de la patrie, » et que le peuple avait désormais « le droit de choisir indistinctement ses juges parmi tous les citoyens. » Une loi du 19 octobre 1792 convoquait les nouveaux électeurs et répétait : « L'obligation de ne choisir pour les emplois judiciaires que ceux qui ont exercé pendant un temps déterminé la profession d'homme de loi est abolie, et les choix, tant pour ces fonctions que pour les autres fonctions publiques, pourront être faits indistinctement parmi tous les citoyens et fils de citoyens âgés de vingt-cinq ans accomplis, domiciliés depuis un an et n'étant pas en état de domesticité ou de mendicité. »

C'est avec une profonde tristesse que nous feuilletons ces pages de notre histoire contemporaine. On peut assurément excuser la constituante. Il s'agissait de remplacer des tribunaux qui ne pouvaient pas survivre à la chute de l'ancien régime, et l'on conçoit qu'elle ait, pour transformer l'organisation judiciaire, à cette heure d'illusions et d'espérances, fait un appel direct à la nation, source unique de vie, de force et de pouvoir. Quel mécompte ! Le prestige et l'autorité que ne pouvait plus communiquer le roi, la nation ne les avait pas communiqués davantage : elle-même maudissait son propre ouvrage et n'aspirait qu'à le détruire. Ses élus chancelaient au premier pas et tombaient, essoufflés, bien avant le terme de leur course. Quel mécompte ! mais quel enseignement ! Déjà le vice originel du système électif apparaît aux moins clairvoyants. Si ces premiers tribunaux succombent, haïs, injuriés et menacés, c'est qu'ils ne reflètent plus, moins de six mois après leurs élections, les passions du corps électoral : ce n'est pas qu'ils aient méconnu leurs devoirs, c'est qu'ils ne les ont pas oubliés. Le premier essai de ce système avorte donc avec l'œuvre politique et constitutionnelle de 1791.

Les élections faites sur l'injonction de la convention nationale et conformément à la loi d'octobre 1792 furent exclusivement politiques. On choisit généralement, sur tous les points du territoire, de chauds patriotes, qui n'avaient pas la moindre notion des lois ni des affaires. C'est ainsi qu'à Paris même on voit figurer, sur cinquante et un juges et suppléants, à côté de douze « hommes de loi, » un peintre, deux graveurs, un ciseleur, deux employés, deux commis, un jardinier, etc. Singuliers juges ! Mais ce qu'il y a de particulièrement instructif, c'est que les nouveaux élus, à peine élus, encourrurent, tout comme ceux de 1790, la disgrâce de leurs électeurs. A Paris, dès le 31 mars 1793, la section de l'Observatoire protestait contre leur installation prochaine et, quelques jours après cette installation, la section des sans-culottes suppliait la convention d'ordonner un scrutin épuratoire (8 avril). Celle-ci, dès cette époque, à l'occasion, pourvoit aux vides [16]. Le 12 avril 1794, plusieurs juges sont nommés par le comité de salut public. Un décret du 3 janvier 1795 renouvelle les tribunaux de Paris et chasse la plupart des magistrats nommés par le peuple. Enfin la convention destitue non plus les élus, mais les électeurs eux-mêmes et couronne son œuvre par un décret du 4 mars 1795, qui autorise le comité de législation à nommer directement les membres des tribunaux, comme les officiers municipaux et les administrateurs. Le second essai, de système électif avait échoué comme le premier et, s'il se peut, plus pitoyablement.

Il ne faut pas oublier, en effet, que les tribunaux ordinaires, en dépit de leur origine démocratique, avaient été partiellement supplantés, aussitôt après leur entrée en fonctions, par des tribunaux exceptionnels. Il est vrai que quatre-vingt-sept tribunaux criminels de département, revêtus des attributions nouvelles, furent chargés de rendre, sans le concours d'un jury, cette justice spéciale et sommaire connue sous le nom de justice révolutionnaire. Mais on sait que ces juridictions elles-mêmes, de quelques pouvoirs qu'on les eût armées, ne suffirent pas à la tâche. Il fallut créer à côté d'elles trois sortes de tribunaux : les tribunaux révolutionnaires proprement dits, jugeant, avec l'assistance d'un jury, tous les crimes de contre-révolution : révoltes, émigrations, conspirations, faux assignats, écrits, propos contre la république ; les commissions révolutionnaires, investies de la même compétence, mais qui se passaient du jury ; les commissions militaires, juridictions ambulantes attachées aux armées et généralement composées d'officiers devant lesquels on avait traduit d'abord les révoltés, et les émigrés pris les armes à la main, mais qui finirent par juger tous les crimes de contre-révolution. Dans quelques départements, comme la Manche, la Vendée, la Haute-Garonne, les Basses-Pyrénées, le tribunal criminel et les tribunaux d'exception rendent simultanément la justice révolutionnaire ; dans d'autres, comme la Mayenne, il semble que le tribunal criminel, jugé trop peu expéditif, ait été purement et simplement remplacé par des commissions. Ainsi s'expliquent, à vrai dire, les décrets du 3 janvier et du h mars 1795. Si la convention, après le 9 thermidor, avait renié le principe électif, c'est que les tribunaux élus en 1792 étaient réduits à l'impuissance, qu'un certain nombre d'entre eux pliaient sous le poids de leurs fautes et que la nouvelle organisation judiciaire avait abouti au chaos.

Un troisième système électif fut inauguré par la constitution de l'an III. Tout homme né et résidant en France, qui, âgé de vingt-un ans accomplis, s'était fait inscrire sur le registre civique de son canton, qui avait demeuré depuis sur le territoire de la république et qui payait une contribution directe, foncière ou personnelle, fut citoyen français. Les assemblées primaires se composèrent des citoyens domiciliés, c'est-à-dire résidant depuis deux ans dans le même canton. Chaque assemblée primaire dut nommer un électeur à raison de deux cents citoyens. Nul ne put être électeur au-dessous de vingt-cinq ans accomplis et s'il ne réunissait aux conditions nécessaires pour exercer les droits de citoyen certaines conditions de cens énumérées par l'article 35 de l'acte constitutionnel. L'élection des juges de paix fut confiée aux assemblées primaires, celle des tribunaux civils aux assemblées électorales de département. Mais on n'exigea pas une seule condition de capacité des candidats aux fonctions judiciaires : il suffit qu'ils fussent âgés de trente ans. Les juges de paix durent être nommés pour deux années, les juges des tribunaux civils pour cinq. Le régime électoral étant ainsi réglé, les nouvelles élections furent faites quelques jours après l'installation du directoire, et le tribunal civil de Paris tint sa première audience le 2 décembre 1795.

Cette première expérience eût-elle réussi ? Le directoire ne le crut pas, sans nul doute, puisqu'il ne la laissa pas s'accomplir. Les élections législatives de l'an V l'ayant alarmé sur les destinées de la république, il déporta deux directeurs, quarante-deux membres du conseil des cinq cents, onze membres du conseil des anciens, et obtint de la représentation nationale ainsi mutilée que les opérations des assemblées primaires, communales et électorales de quarante-neuf départements fussent annulées comme u illégitimes. » La loi de a salut public » du 19 fructidor an V, au mépris de l'acte constitutionnel, balaya les juges élus et donna des loisirs aux électeurs. « Les individus nommés à des fonctions publiques par les assemblées primaires, communales et électorales, *sans exception*, » durent cesser immédiatement « toutes fonctions » (art. 4). « Le directoire exécutif fut chargé de nommer aux places qui deviendraient vacantes dans les tribunaux en vertu des articles précédents ainsi qu'à celles qui viendraient à vaquer par démission ou autrement avant les élections du mois de germinal au VI » (art. 5). Enfin (art. 6) « les nominations faites par le directoire durent avoir en tout point le même effet et la même durée que si elles avaient été faites par les assemblées primaires et électorales. » C'est ainsi qu'à Paris, sur cinquante-trois juges élus, quarante-sept furent inconstitutionnellement remplacés. On ne respecta donc, dans aucune de ces périodes de notre histoire révolutionnaire, ni les nouvelles lois d'organisation judiciaire, ni les droits que les tribunaux tiraient des constitutions elles-mêmes, ni les manifestations les plus claires de la volonté nationale, et ce régime électif, qu'on propose encore à notre admiration, ne fut qu'une comédie.

Faut-il chercher maintenant ce que furent, à partir de germinal an vi les derniers magistrats élus et quelles garanties offrirent aux justiciables ces tribunaux épurés à tant de reprises et triés avec tant de zèle ? Qu'on veuille bien parcourir les rapports des conseillers d'état chargés en l'an IX d'une enquête sur la situation de la république. « Dans les campagnes, écrivait Redon, envoyé dans les départements de Sambre-et-Meuse, de la Meuse-Inférieure et de l'Ourthe, les maires ne savent pas lire, les juges de paix n'ont aucune idée des lois. » « Les juges de paix, écrivait Najac, « envoyé dans le Rhône, la Loire, la Haute-Loire, le Puy-de-Dôme et le Cantal, sont médiocrement bons à Lyon, à deux ou à trois près. A la campagne, beaucoup manquent de lumières ; quelques-uns sont accusés de partialité. » « Les juges de paix, disait Fourcroy après avoir visité les Deux-Sèvres, la Charente-Inférieure, la Loire-Inférieure et la Vendée, sont, en général peu éclairés et même mauvais. Ils ont une morgue et souvent une exagération fâcheuse. Ils contre-carrent les autorités administratives, surtout par rapport aux prêtres, dont ils ne devraient pas se mêler. En général, ils abusent de leur titre et de leur nomination par le peuple. Leurs greffiers commettent souvent des exactions criminelles... » « Les juges de paix, disait enfin Français de Nantes, chargé de l'inspection dans les départements de Vaucluse, des Bouches-du-Rhône, du Var, des Basses-Alpes et des Alpes-Maritimes, sont excessivement mauvais. Des villes telles qu'Aix et Marseille, où il eût été si facile de faire de bons choix, ont pour juges de paix de simples ouvriers, qui sont sans lumières et sans considération. » Le régime électif avait porté tous ses fruits et disparut enfin sans qu'un regret l'accompagnât dans sa tombe.

Ceux qui veulent l'en tirer feront bien, ce me semble, de n'invoquer à l'appui de leur dessein ni l'exemple des États-Unis ni même celui de la Suisse ni surtout le nôtre.

Section IV

Il ne suffit pas, d'ailleurs, de voter un principe et de décider, comme l'a fait la chambre des députés le 10 juin 1882, que « les juges seront élus ; » il faut encore décider comment ils seront élus. Or je n'aperçois que trois moyens d'organiser le régime électif ; il faut recourir soit au suffrage universel direct, soit au suffrage restreint et spécial, soit au suffrage universel à deux degrés. Or il est aisé de démontrer que chacun de ces trois systèmes se heurte à des obstacles insurmontables.

On assure que M. Achard, député de la Gironde, a proposé de faire appel au suffrage universel direct. De tous les projets, celui-ci nous paraît être le plus dangereux et le plus impraticable. Parmi les inconvénients qu'il présente, il en est un qui saute aux yeux d'abord. Le suffrage universel et direct n'est pas capable de discerner, entre ceux qui aspirent aux fonctions judiciaires, les bons et les mauvais candidats.

C'est là, dira-t-on peut- être, une impertinence, et la compétence du suffrage universel direct est absolue : puisqu'il est apte à nommer les députés, il l'est à tout faire et singulièrement à nommer les juges. La conséquence n'est pas forcée. Le peuple ne sait peut-être pas avec précision lequel, entre deux diplomates, connaît le mieux la politique des cabinets étrangers et fera le plus sûrement prévaloir les intérêts français dans un conflit international, ni lequel, entre deux financiers, connaît le mieux le mécanisme des divers impôts et mettra le plus sûrement un budget en équilibre ; mais il peut, du moins, manifester sa volonté sur un certain nombre de questions générales. Nous voulons une constitution républicaine : la voulez-vous ? Nous demandons le maintien de la paix ; le demandez-vous ? Nous désirons une réduction du service militaire : y consentez-vous ? Nous souhaitons que les charges de l'agriculture soient diminuées : nous seconderez-vous ? Le suffrage universel direct peut poser ces questions et n'est pas incapable de discerner lequel, entre deux candidats, les résoudra conformément ou contrairement à ses vœux. Mais quand il s'agit de nommer des magistrats, il ne s'agit plus pour l'électeur de faire connaître et d'imposer ses volontés à l'élu, puisque le premier devoir de l'élu sera d'en faire abstraction, puisque le juge né relève plus, au lendemain de son élection, que de sa conscience et de la loi. Si le suffrage universel direct perd toute compétence, c'est que le rôle de l'électeur est transformé.

Avez-vous étudié les lois ? connaissez-vous bien le droit civil et le droit criminel ? joignez-vous à la connaissance théorique de la législation française la notion pratique des affaires ? joignez-vous à la notion pratique des affaires une dose suffisante de sens commun ? êtes-vous assez clairvoyant pour débrouiller un procès embrouillé par des hommes de loi ? avez-vous l'esprit assez subtil pour démêler le bon argument présenté par un mauvais avocat du mauvais argument présenté par le plus éloquent des hommes ? par-dessus ; tout, avez-vous le cœur assez ferme pour rester inaccessible à toutes ; les passions, sourd à toutes les sollicitations et pour oublier, en toute circonstance, votre propre intérêt ? saurez-vous, au besoin, braver l'opinion publique ? vous souviendrez-vous enfin que vous devez, si je veux abuser de ma force et vous dicter vos arrêts, me résister et méconduire ? Voilà le seul langage que le suffrage populaire doive tenir à cette autre classe de candidats : je le demande à tous les esprits impartiaux, le tiendra-t-il ? peut-il le tenir ?

Il ne le tiendra, pas. Le suffrage universel direct ne sentira jamais qu'il est astreint, s'il ne veut désorganiser la justice, à émettre deux séries de votes dans des conditions aussi différentes. Il confondra probablement, ainsi que l'a fait ressortir M. Martin-Feuillée ; dans la séance du 30 mai 1882, les élections judiciaires avec les élections politiques. Dana les arrondissements royalistes, il se figurera que tout est gagné s'il a nommé les plus intraitables partisans de l'idée monarchique ; dans beaucoup d'autres, il croira que tout est perdu s'il n'a choisi les soldats les plus bruyants de l'idée républicaine.

Aussi la confusion qui se sera produite dans l'esprit des électeurs pourra-t-elle s'opérer dans celui des élus. Où la majorité voudra, par-dessus tout être *efficacement* représentée dans le prétoire comme au Palais-Bourbon, elle atteindra souvent son but, et la justice, qui ne doit dériver que d'elle-même, dérivera du nombre, c'est-à-dire de la force. La majorité disposera tout à la fois des lois et des juges. Cependant, ainsi qu'il arrive, en Suisse, l'élection judiciaire aura ouvert à ceux-ci la carrière politique, et le tribunal aura servi de marchepied au futur législateur. Je ne sache pas de péril plus grave : le peuple conférant des fonctions judiciaires pour gagner et s'asservir le juge ; le juge, par voie de conséquence, acceptant les mêmes fonctions pour gagner et s'asservir le peuple ! Quel idéal de civilisation et de liberté !

Pour éviter tant d'abus, quelques publicistes ont proposé de faire nommer les juges par un très petit nombre d'électeurs. Il y a près des tribunaux, quelques corporations spéciales intéressées à la bonne administration de la justice, et compétentes pour apprécier le mérite des candidats, surtout leur degré d'instruction théorique et pratique. Les avocats, les avoués, les notaires seraient le noyau du nouveau corps électoral : peut-être leur adjoindrait-on, pour éviter les soupçons de camaraderie, les professeurs des facultés de droit et les licenciés en droit domiciliés dans la circonscription. On n'aurait plus à craindre que la justice fût rendue par des ignorants.

Mais il ne s'agit pas seulement d'empêcher que la justice soit rendue par des ignorants. Autant vaudrait faire élire, dans l'armée, les colonels par leurs régiments. Les avocats n'ont sans doute aucun ordre à recevoir des juges, mais les décisions de leurs conseils disciplinaires peuvent être déférées aux cours d'appel. Quant aux officiers publics et ministériels, ils sont placés directement sous la surveillance des cours et des tribunaux. L'élu ne peut pas surveiller ses électeurs. Quand il faudra taxer des états de frais ou qu'il sera fait, devant la juridiction compétente, opposition à la taxe, est-ce que la situation des juges ne deviendra pas insupportable ? Le corps électoral ne leur reprochera-t-il pas ses bienfaits et ne les menacera-t-il pas de sa disgrâce ? S'il se produit un incident public, par exemple, au grand criminel, si le défenseur injurie les témoins ou se moque des lois et bafoue le gouvernement, le président osera-t-il réprimer ces écarts de parole ? Ne s'attirera-t-il pas quelque rebuffade terrible ? Lui pardonnera-t-on, s'il résiste, et ne l'amènera-t-on pas à quelque amende honorable ? Il est à désirer sans doute que le juge vive en bonne intelligence avec tous ses auxiliaires, mais non qu'il soit leur serviteur. Or il sera, neuf fois sur dix, leur serviteur s'il est leur créature.

Que se proposent d'ailleurs les auteurs de ce système bâtard ? Je conçois, à la rigueur, que d'ardents démocrates veuillent dessaisir le pouvoir exécutif au profit du suffrage populaire ; il s'agit de pousser une idée politique à ses conséquences extrêmes en faisant participer la nation elle-même, par l'intermédiaire de ses mandataires directs, à l'administration de la justice. Mais il me paraît illogique de dessaisir à la fois, au profit d'une oligarchie judiciaire, le pouvoir exécutif et la nation. Dans un pays démocratique, toute justice émane du peuple. On heurte, en investissant du droit électoral un corps spécial et restreint, ce principe fondamental. L'organisation judiciaire actuelle est beaucoup plus conforme aux maximes de l'état populaire et du gouvernement républicain. Les juges sont aujourd'hui nommés par le président de la république. Or le président est lui-même élu par le congrès, c'est-à-dire par les mandataires du peuple souverain. C'est donc la nation même qui, par l'intermédiaire de ses représentants, lui délègue le droit de pourvoir aux emplois judiciaires. Bien plus, en lui déléguant ce droit, elle en contrôle l'exercice. Il ne faut pas oublier, en effet, que, si le décret de nomination est signé par le président de la république, il est contresigné par le ministre de la justice et que, par conséquent, le chef de l'état ne peut pas, sans l'adhésion formelle de ce ministre, nommer un juge de paix. Or le garde des sceaux est lui-même membre d'un cabinet responsable, issu de la représentation nationale et que celle-ci brise, dès qu'il ne lui paraît plus traduire exactement, dans ses actes et dans son langage, les vœux et les besoins du pays. Ces considérations enlèvent précisément toute raison d'être au troisième système proposé par les panégyristes du régime électif, je veux parler du suffrage universel à deux degrés. Ce mode de suffrage, à tout prendre, vaut en cette matière mieux que les deux autres, et je conçois que, s'il faut subir le régime électif, on se résigne à le leur préférer. Les électeurs du second degré seront peut-être moins faciles à séduire ; ils auront, on peut l'espérer, l'entière conscience de leurs votes et ne choisiront pas, au moins sans le savoir, des ignorants. C'est quelque chose. Toutefois, je me demande si la commission législative d'organisation judiciaire, disposée, on l'assure, à résoudre ainsi le problème, a calculé toute la portée politique de cette innovation.

Le suffrage universel direct a conquis la France et la gouverne depuis plus de trente ans. Ce conquérant sait garder ses conquêtes. Il est, en tout cas, comme la plupart des conquérants, fort ombrageux, fort jaloux de ses prérogatives et tout prêt à les revendiquer.

Il va falloir lui faire entendre raison. Nous restituons au peuple souverain, lui dira-t-on demain, le droit de rendre la justice par l'intermédiaire de ses élus. — Je vais donc, répondra-t-il, nommer moi-même les juges. — Pas tout à fait, lui répliquera-t-on : vous nommerez les électeurs qui nommeront les juges. — Le suffrage universel direct à coup sûr ne comprendra pas cette réplique. — Pourquoi, va-t-il s'écrier, ce détour subtil ? Je nomme moi-même mes conseils municipaux, mes conseils généraux, ma chambre des députés, et nul autre, on me le répète sur tous les tons, ne serait plus apte à les choisir. Ai-je donc perdu, du jour au lendemain, mon discernement ? N'ai-je pas fait mes preuves ? Me jugeriez-vous incapable d'élire les magistrats ? — A Dieu ne plaise ! faudra-t-il bien lui répondre. Mais vous avez par-dessus tout le goût de la politique. Nous craignons que vous ne puissiez-vous défaire en un jour d'une si ancienne habitude et, comme les élections judiciaires ne ressemblent pas aux élections politiques, nous vous ôtons la nomination directe des magistrats. — Est-on assuré que le suffrage universel ne trouve pas ce langage malséant, irrévérencieux et n'en garde pas rancune au législateur ? — Je ne suis bon, selon vous, qu'à faire de la politique ? Eh bien ! vous ne serez pas surpris si je ne fais que de la politique dans mes assemblées primaires et si je me laisse exclusivement guider par mes fantaisies politiques quand vous m'inviterez à nommer les électeurs du second degré.

Il est à craindre, en effet, qu'il n'en soit ainsi. Puisque le choix des juges ne regarde pas les assemblées primaires, elles affecteront de s'en désintéresser et l'assemblée électorale proprement dite sera nommée sous l'empire de sentiments exclusivement politiques. Or comment celle-ci ne refléterait-elle pas les passions de ses propres électeurs ? Si l'on nomme, aux élections préparatoires, dans quelques grandes villes, la fleur du parti collectiviste, et dans quelques arrondissements ruraux, des chouans ou des Vendéens, les une et les autres se soucieront peu de savoir si les candidats aux fonctions judiciaires ont médité les Pandectes ou pâli sur les dossiers. Ils formeront, comme les électeurs de 1792 et de l'an V, des tribunaux ; à leur image. On retomberait ainsi dans un des plus graves inconvénients qu'on veuille éviter en ôtant aux électeurs du premier degré le droit de nomination directe. Ceux-ci, en maint endroit, eussent involontairement désorganisé la justice ;

mais si ceux-là, sur divers points du territoire, la désorganisent volontairement, on n'y aura rien gagné.

Enfin la dépendance du juge sera plus étroite encore que sous le régime du suffrage universel direct. Plus le corps électoral est nombreux et moins le fardeau de la reconnaissance est lourd, moins le ressentiment de chaque électeur est à craindre. Mais quel maître impérieux qu'un collège électoral de deux ou trois cents électeurs ! Si l'élection s'est faite à cinq ou six voix de majorité, quels ménagements le juge ne doit-il pas garder pour conserver, avec une majorité si faible, ses chances de réélection ! Les voilà, « ces pauvres officiers, » comme les juges seigneuriaux contemporains de Loyseau, « contraints de tourner à tout vent et d'être les valets des valets et se souvenir à toute occasion du commun dire qui a été possible inventé pour eux : *Ne le piquez pas, il est à madame*, s'ils ne veulent se résoudre d'avoir continuellement un pied en l'air et se tenir toujours prêts à déloger. » Madame, c'est l'électeur du second degré.

C'est pourquoi les pouvoirs publics, après mûre réflexion, refuseront sans doute d'appliquer le régime électif, sous toutes ses formes, à la magistrature. Les libéraux et les républicains s'uniront pour le repousser dans l'intérêt de la république et de la liberté.

Les libéraux ! ils savent, en effet, que la liberté civile et la liberté politique sont également bannies d'un pays où les lois ne sont pas appliquées par un corps judiciaire indépendant. Il importe peu que la liberté de la presse soit écrite dans la constitution elle-même, si l'imprimerie peut être fermée par un coup de force sans qu'un tribunal ose ou veuille accueillir la réclamation de l'imprimeur. Il importe peu que la liberté individuelle soit garantie par la plus belle loi du monde, si le premier venu peut être arrêté sous un vain prétexte et jeté dans une prison sans que le juge ose ou veuille l'en faire sortir. Les libéraux demandent avant tout que chacun puisse faire impunément tout ce qui n'est pas défendu : le propre du despotisme monarchique ou populaire, c'est que nul ne soit assuré de faire impunément tout ce qui est permis. Pour atteindre leur but, les libéraux entendent soustraire au maître, quel qu'il soit, le juge et la loi : le propre du despotisme, c'est que le juge et la loi ne soient jamais à l'abri du maître. C'est pourquoi les libéraux ne placeront pas le juge dans la dépendance d'un corps électoral.

Quelques républicains croient, il est vrai, servir la république en mettant à l'élection les fonctions judiciaires. Cependant un état républicain est celui qui peut le moins se passer d'un pouvoir judiciaire solidement constitué. C'est ce que démontra en 1825, avec une verve admirable, le grand jurisconsulte américain Story. C'est la thèse que reprit, longtemps après, l'auteur de *la Démocratie en Amérique*. En effet, dans une république, quand une magistrature forte et stable n'a pas le dépôt des lois, la démocratie dégénère en démagogie et, comme aucun frein ne l'arrête, elle ruine son propre principe en ruinant l'état. Le parti dominant y peut tout, pour une heure, parce qu'il ne trouve un obstacle sérieux ni dans les prérogatives du pouvoir exécutif ni dans la résistance d'une chambre haute et qu'il semble, à lui seul, personnifier la nation. Quelle sera donc la barrière aux abus de la force si le juge n'est pas, par son origine et par la permanence de ses fonctions, au-dessus des vicissitudes politiques, s'il est le prisonnier du plus fort, et si les faibles, les opprimés, les vaincus ne peuvent plus recourir à son tribunal ?

Ce n'est pas, d'ailleurs, à une république quelconque que nous devons penser, mais à la nôtre. Il appartient à ceux que la république française regarde comme ses vrais appuis d'apprécier si les fauteurs du système électif, en l'entraînant à cette révolution judiciaire, ne l'entraînent pas à quelque faute irréparable. Il ne suffit pas de tailler, il faut recoudre. Or, ce pays est habitué à une justice honnête et régulière ; il s'en passerait bien plus difficilement qu'il ne le croit lui-même et ne se remettrait pas aisément de sa surprise le jour où il en serait décidément privé. Si l'on substitue tout à coup aux juridictions actuelles des juridictions moins éclairées, moins intègres, moins impartiales, non-seulement il sera mécontent et troublé, mais il comparera bientôt le présent au passé. Or il ne s'agit pas, à coup sûr, de disputer « a qui dévorera ce règne d'un moment, » mais de fonder un gouvernement durable. Notre troisième république s'affaiblirait en désorganisant la justice. Elle s'affermirait en sacrifiant les rancunes d'une heure aux besoins permanents du pays, l'intérêt des partis à l'intérêt général, en assurant enfin l'empire des lois, c'est-à-dire en les plaçant sous la garde d'une magistrature respectable et respectée.

Notes

1.   « Et si seroit plus aigu et inventif à trouver exactions et pratiques, pour ce qu'il seroit tous les jours en doute de perdre son office. »

2.   Voyez l'Officiel du 9 juin 1882.

3.   Il est vrai que le serment de fidélité exigé des magistrats fit disparaître ceux d'entre eux qui étaient le plus attachés à la branche aînée des Bourbons ; mais le refus de serment venait du juge, il lui était imposé par sa conscience : le refus d'investiture serait venu du pouvoir ; c'eût été une atteinte portée par l'arbitraire à un grand principe. (Albert Desjardins, Études sur l'inamovibilité de la magistrature, p. 30.)

4.   C'est exactement ce que répète M. Franck-Chauveau dans la séance du 8 juin 1882.

5.   « Et qui défend encore aujourd'hui les corps judiciaires. » (La Réforme judiciaire, par M. G. Picot, p. 118).

6.   Voir pourtant Albert Desjardins, p. 79.

7.   The Federalist, cité par Story, Commentaries on the constitution of the United States, § 1594.

8.   C'est ce qu'a très bien expliqué M. Bovier-Lapierre dans la séance du 8 juin 1882.

9.   C'est ce qu'établit M. Granet dans son discours du 8 juin 1832.

10.   Voir au surplus, dans le Bulletin de la société de législation comparée, t. X, p. 155, le tableau très exact et très complet qu'a dressé M. Gourd, avocat à Lyon.

11.   Il n'est pas inutile de faire observer que, dans cet état de L'Union américaine, si les juges de la cour suprême sont élus pour vingt-un ans, les autres juges ne le sont que pour dix ans.

12.   Tout cela est attesté par M. G. Picot, qui a étudié sur place la justice helvétique. Voyez la Réforme judiciaire en France, p. 194 et suiv.

13.   Voir les Etats-Unis contemporains, par M. Claudio Jannet, 3e éd. t. I, ch. VIII.

14.   M. Cl. Jannet, ch. VII.

15.   « Il y a peu de temps, dans le Missouri, le peuple a lynché un juge et un attorney soupçonnés de connivence avec une bande de voleurs. Des faits de ce genre se sont récemment passés dans la Louisiane, la Virginie, le New-York, le Maine, le Massachusetts lui-même. » (Cl. Jannet, ch. VIII.)

16.   Décrets des 7 octobre 1793, 19 février et 13 mars 1794. Ces trois décrets nomment des jugea au tribunal de cassation.

ISBN : 978-1981868742

www.ingramcontent.com/pod-product-compliance
Lightning Source LLC
Chambersburg PA
CBHW070930220526
45468CB00005B/1719